AF532675

Valéry Drouet
Fotos von Pierre-Louis Viel

Wok

Die besten Rezepte

schnell, einfach, lecker

Bassermann

INHALT

SALZ + PFEFFER

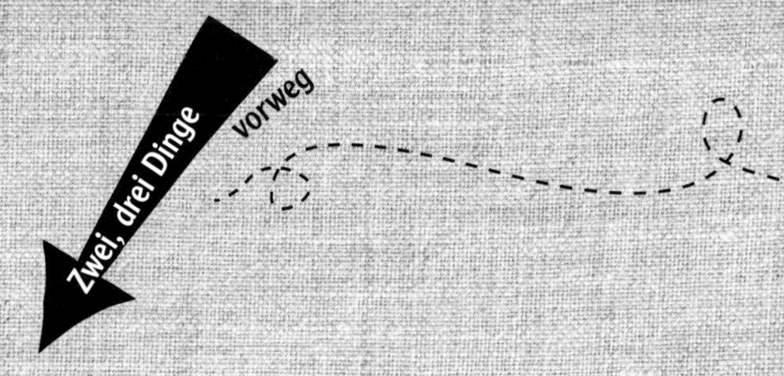

Grundregeln für das Kochen im Wok

Für das Garen im Wok ist ein Wok **mit rundem Boden** ideal. Woks mit geradem Boden (»Wokpfannen«) eignen sich jedoch ebenso gut.

Zuerst **alle Zutaten vorbereiten**. Am Herd muss alles griffbereit stehen. Wichtig ist, die Zutaten fein zu schneiden, damit sie schnell gar sind.

Geben Sie etwas Fett in den Wok und erhitzen Sie ihn auf hoher Stufe. Verwenden Sie deshalb nur **hoch erhitzbare Fette**, die nicht zu schnell verbrennen. Butter ist normalerweise nicht geeignet, außer für süße Rezepte.

Beginnen Sie mit den **Lebensmitteln mit der längsten Garzeit**. Wenn diese fertig sind, nehmen Sie sie heraus und bereiten anschließend die Zutaten mit kürzerer Garzeit zu. Zum Schluss werden alle Zutaten wieder in den Wok gegeben.

Im Wok werden die Speisen **schnell und unter ständigem Rühren** gegart. Das ist wichtig, damit die Aromen klar und frisch bleiben.

Auf geht's, heizen Sie den Wok an!

THAI-Rindfleisch

500 g Rumpsteak

400 g Weißkohl

2-cm-Stück geschälter INGWER

JE 1 ROTE UND 1 GRÜNE CHILISCHOTE

80 ml süße SOJA-SAUCE

50 ml Sonnenblumenöl

3 geschälte Knoblauchzehen

SALZ + PFEFFER

1 Den Kohl in Streifen schneiden. Knoblauch und Ingwer fein hacken, die Chilis entkernen und in Ringe schneiden. Das Rindfleisch in Scheiben schneiden. Die Hälfte des Öls auf hoher Stufe im Wok erhitzen und den Kohl darin 3–4 Minuten braten. Salzen, pfeffern. Aus dem Wok nehmen und zur Seite stellen.

2 Das Fleisch im restlichen Öl 2–3 Minuten braten. Knoblauch, Ingwer, Chilis und Sojasauce einrühren. Salzen und pfeffern und 2 Minuten unter ständigem Rühren braten.

3 Den Kohl wieder in den Wok geben und 1 Minute bei starker Hitze durchwärmen. Sofort servieren.

FÜR 4 Personen

VORBEREITEN: 20 MIN.
GAREN: 10 MIN.

Der Weißkohl kann durch Chinakohl ersetzt werden.

DAS REZEPT

RINDFLEISCH
mit Zwiebeln und Paprika

1 Paprika und Zwiebel in Streifen schneiden. Den Ingwer reiben und den Koriander hacken. Das Rindfleisch in feine Streifen schneiden. Das Öl auf mittlerer Stufe im Wok erhitzen und Paprika und Zwiebel darin 6–8 Minuten braten. Aus dem Wok nehmen.

2 Auf hohe Stufe umschalten und das Fleisch 3 Minuten scharf anbraten. Salzen, pfeffern, dann den Ingwer zufügen.

3 Das Gemüse wieder in den Wok geben. Die Sojasauce zugießen und alles unter häufigem Rühren 2 Minuten bei starker Hitze garen. Den gehackten Koriander unterrühren und servieren.

VORBEREITEN: 20 MIN.
GAREN: 15 MIN.

2 rote Paprikaschoten

500 g Rumpsteak

2-CM-STÜCK GESCHÄLTER INGWER

3 frische Stängel KORIANDER

80 ml süße Sojasauce

SALZ + PFEFFER

50 ml Öl

1 geschälte große rot ZWIEBEL

Schmeckt auch
toll mit Paprika
in anderen Farben.

RINDFLEISCH mit Zuckererbsen

300 g Zuckererbsen

500 g RUMPSTEAK

3 Knoblauchzehen

SALZ + PFEFFER

4 EL Austernsauce

50 ml Sonnenblumenöl

1 geschälte ZWIEBEL

1 Die Zuckererbsen 2 Minuten in kochendem Wasser blanchieren. Das Fleisch in breite Streifen schneiden und den Knoblauch hacken. Die Zwiebel in feine Streifen schneiden. Das Öl im Wok auf mittlerer Stufe erhitzen und die Zwiebel darin 5 Minuten braten.

2 Auf hohe Stufe umschalten. Rindfleisch und Knoblauch zugeben und alles 5 Minuten unter ständigem Rühren weiterbraten. Salzen und pfeffern.

3 Zuckererbsen und Austernsauce zufügen und alles 4–5 Minuten unter ständigem Rühren garen. Sofort servieren.

FÜR **4** Personen

VORBEREITEN: 15 MIN.
GAREN: 15 MIN.

Die Zuckererbsen geben diesem Gericht knackigen Biss.

1 Den Lauch in feine Streifen schneiden, den Knoblauch hacken und die Kirschtomaten halbieren. Das Rindfleisch in Streifen schneiden und mit Pfeffer und Salz mischen.

2 Die Hälfte des Öls auf hoher Stufe im Wok erhitzen und die Lauchstreifen darin 1 Minute braten. Aus dem Wok nehmen und zur Seite stellen.

3 Auf hohe Stufe umschalten und das Rindfleisch im restlichen Öl 1 Minute scharf anbraten. Knoblauch, Tomaten und Lauch zugeben und alles unter ständigem Rühren 2 Minuten garen.

4 Den gehackten Koriander einrühren und sofort servieren.

RINDFLEISCH - 14

FÜR **4** Personen
VORBEREITEN: 20 MIN.
GAREN: 5 MIN.

RINDFLEISCH
mit Pfeffer

500 g Rindfleisch

2 Stangen LAUCH

150 g Kirschtomaten

3 geschälte Knoblauchzehen

1 EL frisc
gemahlen
Pfeff

4 frische Stängel Koriander

+ SALZ

50 ml Sonnenblumenöl

Dazu schmeckt
eine süßsaure Sauce.

RINDFLEISCH süßsauer mit Zwiebeln

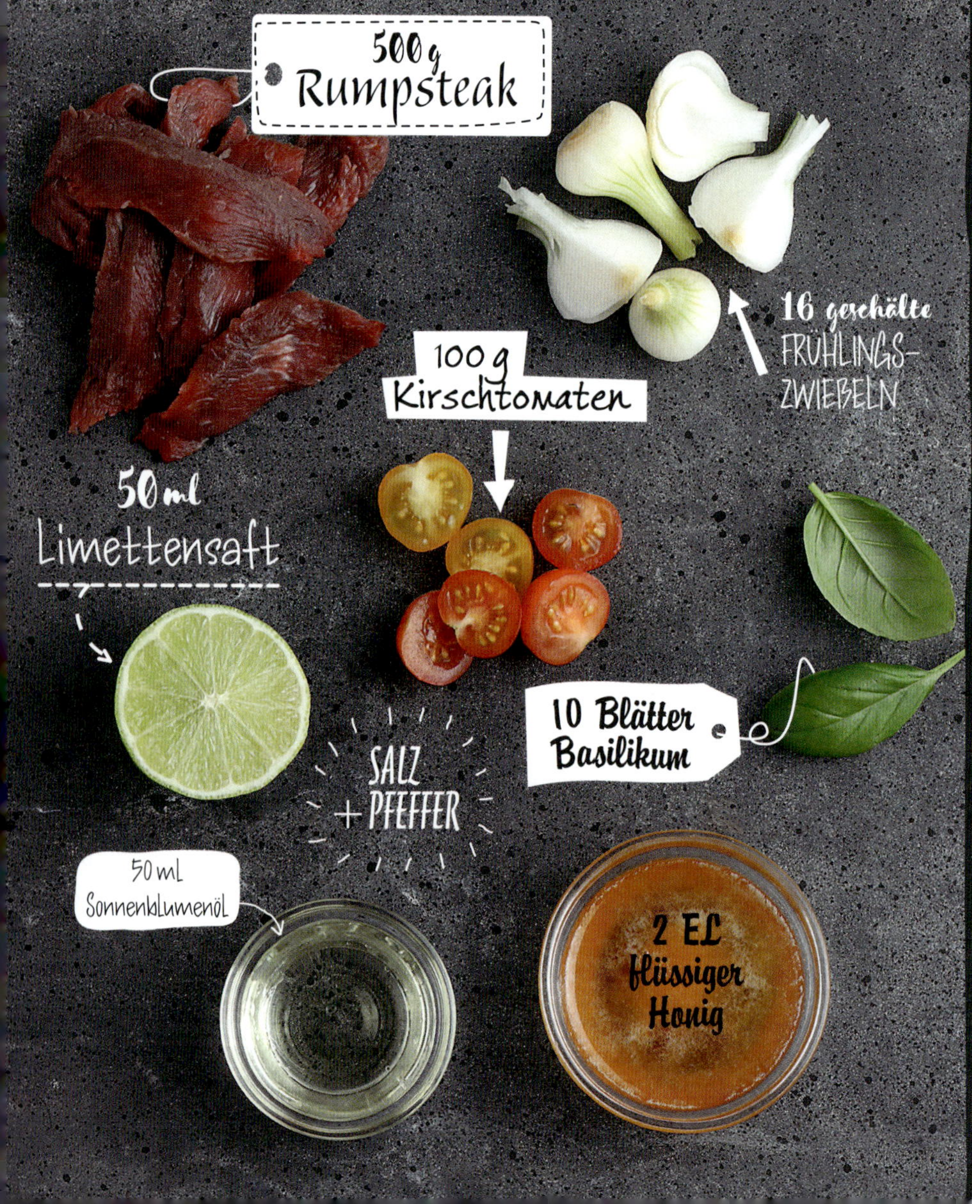

500 g Rumpsteak

16 geschälte FRÜHLINGSZWIEBELN

100 g Kirschtomaten

50 ml Limettensaft

10 Blätter Basilikum

SALZ + PFEFFER

50 ml Sonnenblumenöl

2 EL flüssiger Honig

1 Die Kirschtomaten halbieren, das Fleisch in Streifen schneiden und die Zwiebeln vierteln. Die Hälfte des Öls auf hoher Stufe im Wok erhitzen und die Zwiebeln darin 5–6 Minuten braten. Die Tomaten zugeben, salzen und pfeffern. Das Gemüse aus dem Wok nehmen und zur Seite stellen.

2 Das Rindfleisch im restlichen Öl 2–3 Minuten braten. Salzen und pfeffern.

3 Das Gemüse wieder in den Wok geben, dann Honig und Limettensaft zufügen. 2–3 Minuten bei starker Hitze unter ständigem Rühren braten. Mit gehacktem Basilikum bestreuen und sofort servieren.

FÜR **4** Personen

VORBEREITEN: 20 MIN.
GAREN: 10 MIN.

Für mehr Biss am Ende der Garzeit 2 Esslöffel Erdnüsse zugeben.

RINDFLEISCH mit Gurke

150 g chinesische Nudeln

400 g Rumpsteak

1 geschälte ZWIEBEL

2 kleine gelbe Chilischoten

½ Gurke

50 ml SONNENBLUMENÖL

SALZ + PFEFFER

100 ml süßsaure Chilisauce

1 Die Nudeln kochen. Das Fleisch in Streifen schneiden, Gurke und Chili halbieren, entkernen und in Scheiben bzw. Ringe schneiden, ebenso die Zwiebel. Die Hälfte des Öls auf hoher Stufe erhitzen, die Zwiebel darin 3 Minuten braten. Gurke und Paprika zufügen, salzen und pfeffern. 2 Minuten braten, dann alles herausnehmen und zur Seite stellen.

2 Das Rindfleisch im restlichen Öl 2–3 Minuten scharf anbraten. Salzen und pfeffern. Die Chilisauce einrühren, 1 Minute mitgaren.

3 Auf hohe Stufe umschalten. Gemüse und Nudeln zufügen und 3 Minuten unter ständigem Rühren durchwärmen. Sofort servieren.

FÜR **4** Personen

VORBEREITEN: 20 MIN.

GAREN: 10 MIN.

Erfrischende
Gurke trifft auf
scharfe Sauce!

RINDERCURRY
mit jungem Gemüse

200 g grüne Bohnen

SALZ + PFEFFER

400 g Rumpsteak

2 Frühlingszwiebeln

1 geschälte große rote Zwiebel

150 g Karotten

50 ml Sonnenblumenöl

1 EL grüne Currypaste

1 Die Bohnen halbieren und die Frühlingszwiebeln in Ringe schneiden. Die Karotten in Stifte, das Fleisch und die Zwiebel in Streifen schneiden. Die Hälfte des Öls auf hoher Stufe im Wok erhitzen und die Zwiebel darin 2 Minuten braten. Karotten und Bohnen zugeben, salzen und pfeffern. 3 Minuten unter ständigem Rühren braten, dann aus dem Wok nehmen und zur Seite stellen.

2 Das Rindfleisch 2–3 Minuten im restlichen Öl anbraten. Die Currypaste zugeben und 2 Minuten unter ständigem Rühren mitbraten.

3 Das Gemüse mit den Frühlingszwiebeln zufügen und alles 2 Minuten durchwärmen. Sofort servieren.

FÜR 4 Personen

VORBEREITEN: 20 MIN.
GAREN: 10 MIN.

Schmeckt auch
mit Kalbfleisch ausgezeichnet.

SCHWEINEFILET mit Shiitake-Pilzen

500 g Schweinefilet

3 rote Frühlingszwiebeln

50 ml süße Sojasauc

250 g Chinakohl

2 EL flüssiger Honig

120 g Kirschtomaten

SALZ + PFEFFER

50 ml Olivenöl

250 g Shiitake-Pilze

1 Die Frühlingszwiebeln in Ringe schneiden, das Fleisch in Scheiben und den Kohl in Streifen. Die Tomaten halbieren, die Pilze in Stücke schneiden. Das Öl auf mittlerer Stufe im Wok erhitzen, die Pilze darin 3 Minuten braten. Tomaten und Kohl zugeben, salzen und pfeffern. Auf hohe Stufe umschalten und 3 Minuten braten. Aus dem Wok nehmen und zur Seite stellen.

2 Auf mittlere Stufe umschalten, das Fleisch 6–8 Minuten braten. Salzen und pfeffern. Honig und Sojasauce einrühren, leicht einkochen.

3 Das Gemüse wieder in den Wok geben, alles 2 Minuten bei starker Hitze garen. Mit Frühlingszwiebeln bestreuen, umrühren und sofort servieren.

FÜR 4 Personen
VORBEREITEN: 30 MIN.
GAREN: 15 MIN.

Statt Shiitake können
auch Austernpilze verwendet werden.

1 Das Fleisch in Würfel schneiden, den Spitzkohl und die Zwiebel in Streifen. Die Hälfte des Öls auf hoher Stufe im Wok erhitzen und die Zwiebel darin 2 Minuten braten. Den Kohl zufügen und 2 Minuten mitbraten. Salzen und pfeffern. Aus dem Wok nehmen und zur Seite stellen.

2 Das restliche Öl erhitzen und das Fleisch darin 5–7 Minuten unter ständigem Rühren braten. Salzen und pfeffern.

3 Kürbiskerne und Karamell zufügen und alles 3–4 Minuten unter ständigem Rühren köcheln lassen. Dann das Gemüse wieder zugeben, alles umrühren und 1 Minute durchwärmen. Sofort servieren.

FÜR **4** Personen
VORBEREITEN: 20 MIN.
GAREN: 15 MIN.

SCHWEINEFLEISCH mit Kohl

50 ml Olivenöl

400 g Schweinenacken

250 g Spitzkohl

1 geschälte ROTE ZWIEBEL

30 g KÜRBISKERNE

100 ml flüssiger Karamell

Statt
Spitzkohl gern
Wirsing verwenden.

SCHWEINEFLEISCH mit Zwiebeln und Sesam

400 g Schweinenacken

2 Karotten

6 Frühlingszwiebeln

2 gehäufte EL Sesamsaat mit Wasabipulver vermischt

50 ml Ahornsirup

SALZ + PFEFFER

50 ml OLIVENÖL

100 g Erdnüsse

1 Das Fleisch würfeln, die Karotten in Bänder schneiden und die Frühlingszwiebeln in Ringe. Die Erdnüsse hacken. Das Öl auf mittlerer Stufe im Wok erhitzen und das Fleisch darin 8–10 Minuten unter ständigem Rühren braten. Salzen und pfeffern.

2 Auf hohe Stufe umschalten. Erdnüsse und Ahornsirup zugeben und unter ständigem Rühren 3–4 Minuten braten.

3 Karotten und Frühlingszwiebeln zufügen und 2 Minuten unter ständigem Rühren mitgaren. Mit Wasabi-Sesam bestreuen und sofort servieren.

FÜR 4 Personen

VORBEREITEN: 20 MIN.
GAREN: 15 MIN.

Süßsalzig
mit Sesam –
eine tolle Kombination!

DAS REZEPT

1 Die Nudeln nach Packungsangabe kochen. Das Fleisch würfeln, Chili und Zitronengras hacken. Den Ingwer reiben. Das Öl auf mittlerer Stufe im Wok erhitzen und das Fleisch darin 8–10 Minuten braten. Salzen und pfeffern.

2 Ingwer, Chili und Zitronengras zufügen und 4–5 Minuten mitgaren.

3 Auf hohe Stufe umschalten. Die Nudeln unterheben und kurz durchwärmen. Das in Streifen geschnittene Basilikum einrühren und sofort servieren.

FÜR **4** Personen

VORBEREITEN: 20 MIN.
GAREN: 15 MIN.

Schmeckt
am besten mit
Thai-Basilikum.

BRATREIS mit Schweinefleisch und Zuckererbsen

500 g Schweinenacken

1 EL Fünf-Gewürze-Pulver

150 g Zuckererbsen

50 ml Sonnenblumenöl

Salz + Pfeffer

2 EL flüssiger Honig

140 g gekochter Jasminreis

50 ml Sesamöl

1 Die Zuckererbsen 2 Minuten in kochendem Wasser blanchieren und in Stücke schneiden. Das Schweinefleisch würfeln. Das Sonnenblumenöl auf hoher Stufe im Wok erhitzen und das Fleisch darin 1–2 Minuten scharf anbraten. Auf mittlere Stufe umschalten und unter ständigem Rühren 10 Minuten garen.

2 Den Honig zugeben und 5 Minuten weitergaren. Reis und Fünf-Gewürze-Pulver einrühren, auf hohe Stufe umschalten und alles 6–8 Minuten unter ständigem Rühren garen.

3 Zuckererbsen und Sesamöl einrühren, kurz durchwärmen und sofort servieren.

FÜR 4 Personen

VORBEREITEN: 15 MIN.
GAREN: 25 MIN.

Wer es
süßlicher mag,
gibt noch 150 g Ananas dazu.

ZITRONENHÄHNCHEN
mit Brokkoli und Pinienkernen

1 Den Brokkoli in Röschen zerteilen und in kochendem Salzwasser bissfest garen. Die Zwiebel hacken und das Fleisch würfeln. Das Öl auf mittlerer Stufe im Wok erhitzen und das Fleisch darin 3 Minuten anbraten. Salzen und pfeffern.

2 Auf hohe Stufe umschalten. Zwiebel und Pinienkerne zugeben und 3–4 Minuten unter ständigem Rühren mitbraten. Zitronensaft und Chilisauce zufügen und 1 Minute unter Rühren köcheln lassen.

3 Den Brokkoli unterheben, durchwärmen lassen und sofort servieren.

1 geschälte Zwiebel

400 g Hähnchenbrustfilet

300 g Brokkoli

50 ml Olivenöl

80 g Pinienkerne

100 mL süßsaure Chilisauce

80 ml Zitronensaft

SALZ + PFEFFER

FÜR 4 Personen

VORBEREITEN: 15 MIN.

GAREN: 10 MIN.

Statt
Pinienkernen
gehobelte Mandeln verwenden.

CURRYHÄHNCHEN mit Paprika

1 geschälte rote Zwiebel

400 g Hähnchenbrustfilet

3 Paprikaschoten (rot, grün und gelb)

50 ml Olivenöl

SALZ + PFEFFER

150 ml Kokosmilch

2 gehäufte EL rote Currypaste

1 Die Paprikaschoten in Streifen und die Zwiebel in Ringe schneiden. Das Hähnchenfleisch würfeln. Das Öl auf mittlerer Stufe im Wok erhitzen und Paprika und Zwiebel darin 5 Minuten braten. Salzen und pfeffern. Aus dem Wok nehmen und zur Seite stellen.

2 Auf hohe Stufe umschalten und das Fleisch 5–6 Minuten im Wok braten. Die Currypaste zugeben und 1 Minute mitbraten, dann mit Kokosmilch ablöschen. Salzen und pfeffern. 3 Minuten einkochen.

3 Paprika und Zwiebel wieder in den Wok geben und 1–2 Minuten unter ständigem Rühren durchwärmen. Sofort servieren.

FÜR **4** Personen

VORBEREITEN: 20 MIN.
GAREN: 20 MIN.

Schmeckt
auch gut mit gelber
oder grüner Currypaste.

HÄHNCHEN MIT SPINAT und Erdnüssen

1 Chili und Erdnüsse hacken. Das Hähnchenfleisch in Würfel schneiden. Das Öl auf hoher Stufe im Wok erhitzen und das Fleisch darin 5 Minuten scharf anbraten. Salzen und pfeffern.

2 Chili, Erdnüsse, Essig und Honig zufügen. 4–5 Minuten unter ständigem Rühren garen.

3 Den Spinat zufügen und 3 Minuten mitgaren. Leicht salzen und sofort servieren.

FÜR 4 Personen
VORBEREITEN: 20 MIN.
GAREN: 15 MIN.

2 EL flüssiger Honig

400 g Hähnchenbrustfilet

50 ml Olivenöl

SALZ + PFEFFER

200 g junger Spinat

1 rote Chilischote

80 g ERDNÜSSE

50 ml Reisessig

Geben Sie zusammen mit dem Spinat Bohnensprossen dazu.

ENTENBRUST
mit Orangengemüse

2 Entenbrustfilets

100 ml Orangensaft

1 kleine rote Chilischote

250 g Zuckererbsen

8 Stangen grüner Spargel

SALZ + PFEFFER

2 EL flüssiger Honig

50 ml süße Sojasauce

1 Die Zuckererbsen 2 Minuten in kochendem Wasser blanchieren. Die Chili in feine Streifen schneiden und das Fleisch würfeln. Den Spargel ggf. schälen und die holzigen Enden abschneiden. Den Wok auf hoher Stufe erhitzen und das Entenfleisch darin 5–6 Minuten scharf anbraten. Salzen und pfeffern.

2 Den Honig zugeben und kurz mitgaren. Mit Orangensaft und Sojasauce ablöschen, dann 3–4 Minuten unter ständigem Rühren köcheln lassen.

3 Zuckererbsen, Spargel und Chili zufügen. 2–3 Minuten bei starker Hitze durchwärmen. Sofort servieren.

FÜR 4 Personen

VORBEREITEN: 30 MIN.
GAREN: 15 MIN.

Wer mag,
aromatisiert
das Gericht mit
abgeriebener Orangenschale.

ENTENBRUST
mit Honig und Ingwer

200 g Karotten

2 Entenbrüste

2 EL flüssiger Honig

200 g Weißkohl

2 frische Stängel Koriander

2-cm-Stück geschälter Ingwer

80 g blanchierte Mandeln

SALZ + PFEFFER

1 Die Karotten in Stifte und den Weißkohl in Streifen schneiden. Den Ingwer reiben und den Koriander hacken. Das Fleisch würfeln. Den Wok auf hoher Stufe erhitzen und das Entenfleisch darin 3–4 Minuten scharf anbraten. Salzen und pfeffern.

2 Karotten, Kohl, Ingwer und Mandeln zufügen und alles 3–4 Minuten unter ständigem Rühren mitbraten.

3 Den Honig einrühren und 2 Minuten mitgaren. Mit gehacktem Koriander bestreuen und sofort servieren.

FÜR 4 Personen

VORBEREITEN: 20 MIN.
GAREN: 10 MIN.

Probieren Sie statt Mandeln einmal gesalzene Erdnüsse.

DORADE süßsauer

50 ml Reisessig

4 Doradenfilets

12 Frühlingszwiebeln

2 Karotte

10 Blätter Basilikum

2 EL süße Chilisauce

50 ml Olivenöl

SALZ + PFEFFER

1 Die Doradenfilets in Stücke schneiden, die Karotten würfeln und die Zwiebeln halbieren. Die Hälfte des Öls auf mittlerer Stufe im Wok erhitzen und die Karotten darin 5 Minuten braten. Die Zwiebeln zugeben, salzen und pfeffern. 5 Minuten garen, dann aus dem Wok nehmen und zur Seite stellen.

2 Auf hohe Stufe umschalten und den Fisch bei starker Hitze im restlichen Öl 2 Minuten braten. Salzen und pfeffern.

3 Das Gemüse wieder in den Wok geben. Reisessig und Chilisauce zufügen und alles 1 Minute durchwärmen. Mit gehacktem Basilikum garnieren und sofort servieren.

FÜR 4 Personen

VORBEREITEN: 30 MIN.
GAREN: 15 MIN.

Statt Dorade
können Sie Barsch verwenden.

KABELJAU mit Gewürzen

600 g Kabeljaufilet

50 ml Reisessig

1 EL Garam Masala

2 Zucchini

1 geschälte rote Zwiebel

SALZ + PFEFFER

3 Frühlingszwiebeln

50 ml Olivenöl

1 Zwiebel und Zucchini in Streifen, die Frühlingszwiebeln in Ringe schneiden. Den Fisch würfeln. Das Öl auf hoher Stufe im Wok erhitzen und die Zwiebel darin 3 Minuten braten. Die Zucchini zugeben, salzen und pfeffern. 3–4 Minuten braten. Aus dem Wok nehmen und zur Seite stellen.

2 Den Kabeljau 3 Minuten unter ständigem Rühren braten. Salzen und pfeffern.

3 Das Gemüse wieder in den Wok geben, Garam Masala und Reisessig zufügen und alles 2 Minuten unter vorsichtigem Rühren durchwärmen. Mit Frühlingszwiebeln bestreuen und sofort servieren.

FÜR 4 Personen
VORBEREITEN: 20 MIN.
GAREN: 10 MIN.

Statt
Garam Masala
Currypulver oder
gelbe Currypaste verwenden.

SEETEUFEL MIT ERBSEN
und Speck

1 geschälte rote Zwiebel

600 g Seeteufel-filet

SALZ + PFEFFER

300 g ERBSEN

50 ml Olivenöl

2 dicke Scheiben durchwachsener Speck

50 ml SHERRY-ESSIG

1 EL flüssiger Honig

1 Die Erbsen 3 Minuten in kochendem Wasser blanchieren. Den Fisch in Stücke schneiden, Speck und Zwiebel in Streifen. Das Öl auf hoher Stufe im Wok erhitzen und den Fisch darin 2–3 Minuten braten. Salzen und pfeffern. Aus dem Wok nehmen und zur Seite stellen.

2 Auf mittlere Stufe umschalten und den Speck 4–5 Minuten im Wok braten. Die Zwiebel zugeben und 2 Minuten mitbraten, dann Honig und Essig einrühren und 1–2 Minuten bei starker Hitze köcheln lassen.

3 Den Fisch wieder in den Wok geben, die Erbsen zufügen und alles 2 Minuten bei starker Hitze durchwärmen. Sofort servieren.

FÜR 4 Personen
VORBEREITEN: 20 MIN.
GAREN: 15 MIN.

Schmeckt
im Sommer wunderbar
mit frischen Erbsen.

GARNELEN MIT KOHL
und Granatapfel

1 Den Kohl in Streifen und die Zucchini in Stifte schneiden. Das Öl auf hoher Stufe im Wok erhitzen und Kohl und Zucchini darin 3–4 Minuten braten. Salzen und pfeffern. Aus dem Wok nehmen und zur Seite stellen.

2 Die Garnelen in den Wok geben und 3 Minuten braten. Currypaste und Kokosmilch zugeben und 3 Minuten köcheln lassen.

3 Das Gemüse wieder zufügen und alles 2 Minuten unter ständigem Rühren durchwärmen. Mit den Granatapfelkernen bestreuen und sofort servieren.

FÜR **4** Personen
VORBEREITEN: 30 MIN.
GAREN: 10 MIN.

400 g Chinakohl

500 g küchenferti
Garnel

2 EL rote Currypaste

150 ml Kokosmilch

Kerne von ½ Granatapfel

1 gelbe Zucchini

50 ml Olivenöl

SALZ + PFEFFE

Sie können
hierfür auch
Nordseekrabben oder Gambas verwenden.

GARNELEN MIT MANGO und Pak Choi

1 geschälte rote Zwiebel

24 küchenfertige große Garnelen

SALZ + PFEFFER

2-cm-Stück geschälter INGWER

2 kleine Köpfe Pak Choi in Stücken

200 g Mangowürfel

50 ml Olivenöl

2 EL rote Currypaste

1 Die Zwiebel in Streifen schneiden, den Pak Choi in Stücke und den Ingwer reiben. Das Öl auf hoher Stufe im Wok erhitzen und Garnelen und Zwiebel darin 3–4 Minuten braten.

2 Currypaste und Ingwer zugeben und 2 Minuten mitbraten.

3 Pak Choi und Mango zufügen, salzen und alles 3 Minuten unter ständigem Rühren garen. Sofort servieren.

FÜR **4** Personen

VORBEREITEN: 20 MIN.
GAREN: 10 MIN.

Zum
Abmildern
100 ml Kokosmilch zugeben.

DAS REZEPT

1 Den Sellerie in Stifte schneiden und die Zwiebel in Streifen. Die Tomaten achteln. Das Öl auf hoher Stufe im Wok erhitzen und die Zwiebel darin 2 Minuten braten. Den Sellerie zugeben, salzen und pfeffern. 3 Minuten unter ständigem Rühren mitbraten, dann aus dem Wok nehmen und zur Seite stellen.

2 Das Krebsfleisch 3 Minuten im restlichen Öl braten. Die Currypaste zugeben und kurz mitgaren. Mit Kokosmilch ablöschen, salzen und pfeffern.

3 Das Gemüse wieder in den Wok geben. Die Tomaten zufügen und alles weitere 3 Minuten garen. Sofort servieren.

FÜR **4** Personen
VORBEREITEN: 20 MIN.
GAREN: 10 MIN.

KREBSFLEISCH mit Sellerie und Curry

Dazu schmeckt
gebratener Reis.

GARNELEN mit Nudeln und grünem Tee

24 küchenfertige gegarte Garnelen

2 gelbe Paprikaschoten

1 geschälte Zwiebel

200 g chinesische Nudeln

Salz + Pfeffer

50 ml Olivenöl

80 g Cashewkerne

1 gestrichener EL Matchapulver

1 Die Nudeln nach Packungsangabe kochen. Die Paprikaschoten entkernen und wie die Zwiebel in Streifen schneiden. Die Cashewkerne hacken. Das Öl auf mittlerer Stufe im Wok erhitzen und Paprika und Zwiebel darin 5 Minuten braten. Salzen und pfeffern. Aus dem Wok nehmen und zur Seite stellen.

2 Auf starke Hitze umschalten. Garnelen und Cashewkerne 3 Minuten braten. Das Matchapulver zugeben und alles 1 Minute unter ständigem Rühren mitbraten.

3 Gemüse und Nudeln in den Wok geben und 2–3 Minuten durchwärmen. Sofort servieren.

FÜR 4 Personen

VORBEREITEN: 20 MIN.
GAREN: 10 MIN.

Sättigend, knackig
und mit herrlichem Duft!

DAS REZEPT

1 Den Fenchel putzen und in feine Streifen schneiden. Die Paprika entkernen und ebenfalls in feine Streifen schneiden. Knoblauch und Ingwer fein hacken. Die Hälfte des Öls auf mittlerer Stufe im Wok erhitzen und Fenchel und Paprika darin 5 Minuten braten. Salzen und pfeffern. Aus dem Wok nehmen und zur Seite stellen.

2 Auf starke Hitze umschalten. Die Gambas im restlichen Öl 2 Minuten braten. Salzen und pfeffern, Knoblauch und Ingwer unterrühren.

3 Das Gemüse wieder in den Wok geben und alles bei starker Hitze 1 Minute durchwärmen. Mit gehackten Frühlingszwiebeln garnieren und sofort servieren.

FÜR **4** Personen
VORBEREITEN: 20 MIN.
GAREN: 10 MIN.

Geben Sie
mit den Gambas
20 g Fenchelsamen in den Wok.

GEMÜSECURRY
mit Körnern

1 große geschälte Zwiebel

300 g Zucchini

150 g Aubergine

2 EL gelbe Currypaste

2 EL Leinsamen

100 ml Kokosmilch

80 ml Olivenöl

SALZ + PFEFFER

1 Zwiebel, Zucchini und Aubergine in Würfel schneiden. Das Öl auf hoher Stufe im Wok erhitzen und die Zwiebel darin 2 Minuten braten. Zucchini und Aubergine zufügen. Salzen und pfeffern, dann alles unter ständigem Rühren 6–8 Minuten garen.

2 Auf hohe Stufe umschalten. Currypaste und Leinsamen einrühren und 2–3 Minuten bei starker Hitze unter ständigem Rühren mitbraten.

3 Die Kokosmilch zugießen. Auf mittlere bis kleine Hitze umschalten und alles 6–8 Minuten köcheln lassen. Sofort servieren.

FÜR 4 Personen
VORBEREITEN: 20 MIN.
GAREN: 15 MIN.

Geben Sie
am Ende der Garzeit
noch 2 Esslöffel Tomatenwürfel dazu.

BRATREIS
mit Brokkoli und Sprossen

1 Den Brokkoli in Röschen teilen und in kochendem Salzwasser bissfest garen. Die rote Zwiebel in Streifen schneiden, die Frühlingszwiebeln in Ringe. Das Öl auf mittlerer Stufe im Wok erhitzen, die rote Zwiebel darin 3 Minuten braten. Die Sprossen zugeben, salzen und pfeffern. Auf hohe Stufe umschalten und 3 Minuten garen, dann den Brokkoli einrühren. Aus dem Wok nehmen und zur Seite stellen.

2 Den Reis in den Wok geben, salzen, pfeffern und 5 Minuten unter Rühren braten.

3 Das Gemüse wieder in den Wok geben und 2 Minuten unter Rühren durchwärmen. Mit Frühlingszwiebeln garnieren und servieren.

FÜR 4 Personen

VORBEREITEN: 15 MIN.
GAREN: 15 MIN.

Mit dem Reis
1 Teelöffel gemahlenen
Kardamom hinzugeben.

1 Die Nudeln nach Packungsangabe kochen. Den Pak Choi und die Pilze in Stücke schneiden. Die Chilis entkernen und wie die Frühlingszwiebeln in Ringe schneiden. Das Öl auf mittlerer Stufe im Wok erhitzen und die Pilze darin 3–4 Minuten braten. Die Chilis zugeben und 3 Minuten mitbraten.

2 Auf hohe Stufe umschalten. Den Pak Choi zufügen und 2 Minuten unter ständigem Rühren mitgaren. Salzen und pfeffern.

3 Nudeln, Frühlingszwiebeln und Teriyaki-Sauce zugeben und alles 3 Minuten unter ständigem Rühren garen. Sofort servieren.

FÜR 4 Personen
VORBEREITEN: 15 MIN.
GAREN: 10 MIN.

PAK CHOI mit Nudeln und Shiitake

2 kleine Köpfe Pak Choi

200 g chinesische Nudeln

2 milde Chilischoten

2 Frühlingszwiebeln

250 g Shiitake-Pilze

100 ml Teriyaki-Sauce

50 ml Sonnenblumenöl

SALZ + PFEFFER

Garnelen
dazu – und fertig
ist eine gehaltvolle Mahlzeit!

AUSTERNPILZE mit Zuckererbsen

250 g Austernpilze

250 g Zuckererbsen

80 ml süße Sojasauce

1 geschälte große Zwiebel

50 ml Olivenöl

80 g Erdnüsse

SALZ + PFEFFER

1 Die Zuckererbsen längs halbieren und 2 Minuten in kochendem Wasser blanchieren. Zwiebel und Austernpilze in Streifen schneiden und die Erdnüsse hacken. Das Öl auf hoher Stufe im Wok erhitzen und die Zwiebel darin 2 Minuten braten. Die Austernpilze zugeben, salzen und pfeffern, dann 4–5 Minuten unter ständigem Rühren braten.

2 Die Erdnüsse zufügen und 1 Minute rösten. Die Zuckererbsen unterrühren.

3 Die Sojasauce zugießen und alles unter ständigem Rühren 2–3 Minuten garen. Sofort servieren.

FÜR 4 Personen
VORBEREITEN: 20 MIN.
GAREN: 10 MIN.

Eine köstliche
Beilage zu hellem Fleisch.

BOHNENSPROSSEN
und Paprika mit Chili

DAS REZEPT

1 Die Paprika entkernen und in feine Streifen schneiden. Das Öl auf hoher Stufe im Wok erhitzen und die Paprika darin 5 Minuten unter ständigem Rühren braten.

2 Bohnensprossen, Leinsamen und die Hälfte des Chilipulvers zugeben. Salzen, pfeffern und alles 3 Minuten braten.

3 Das Gemüse mit dem Zucker und dem restlichen Chilipulver bestreuen. Den Reisessig zugießen und alles 3 Minuten unter ständigem Rühren garen, dann sofort servieren.

FÜR **4** Personen

VORBEREITEN: 15 MIN.
GAREN: 10 MIN.

250 g Bohnensprossen

2 EL Leinsamen

1 EL Zucker

50 ml Sonnenblumenöl

1 EL mildes Chilipulver

SALZ + PFEFFER

80 ml Reisessig

3 Paprikaschoten (rot, gelb und grün

Frische Bohnensprossen sind besonders knackig.

ROTKOHL mit Tofu

60 g helle Sesamsaat

50 ml Olivenöl

SALZ + PFEFFER

250 g Rotkohl

200 g Tofu

Saft von 1 Orange

60 g helle Rosinen

12 geschälte Frühlingszwiebeln

1 Den Rotkohl in Streifen schneiden, den Tofu würfeln und die Zwiebeln vierteln. Die Hälfte des Öls auf hoher Stufe im Wok erhitzen und die Zwiebeln darin 3–4 Minuten braten. Tofu, Rosinen und Sesam zugeben. Salzen und pfeffern. 3–4 Minuten weitergaren, aus dem Wok nehmen und zur Seite stellen.

2 Den Kohl im restlichen Öl 4–5 Minuten unter ständigem Rühren braten. Salzen und pfeffern.

3 Zwiebeln, Tofu, Rosinen und Sesam wieder zugeben. Den Orangensaft zufügen und alles 3 Minuten unter ständigem Rühren garen. Sofort servieren.

FÜR 4 Personen

VORBEREITEN: 25 MIN.
GAREN: 15 MIN.

Statt Rotkohl kann
auch Weißkohl verwendet werden.

DAS REZEPT

1 Ananas und Mango in Würfel schneiden. Die Butter bei starker Hitze im Wok zerlassen. Die Ananas darin unter ständigem Rühren 5 Minuten bräunen.

2 Mango, Sesam und Honig zufügen und alles 3 Minuten unter ständigem Rühren garen.

3 Die Plätzchen zerbröseln und über die karamellisierten Früchte streuen. Kurz unterheben und sofort servieren.

FÜR 4 Personen
VORBEREITEN: 20 MIN.
GAREN: 10 MIN.

Köstlich
mit einer Kugel
Vanilleeis
oder Rumrosinen!

MEINE KLEINE Einkaufsliste

S. 8

Thai-Rindfleisch

500 g Rumpsteak
400 g Weißkohl
80 ml süße Sojasauce
50 ml Sonnenblumenöl
2-cm-Stück Ingwer
1 rote Chilischote
1 grüne Chilischote
3 Knoblauchzehen

S. 10

Rindfleisch mit Zwiebeln und Paprika

500 g Rumpsteak
2 rote Paprikaschoten
80 ml süße Sojasauce
50 ml Öl
1 rote Zwiebel
2-cm-Stück Ingwer
Koriander

S. 12

Rindfleisch mit Zuckererbsen

500 g Rumpsteak
300 g Zuckererbsen
4 EL Austernsauce
50 ml Sonnenblumenöl
1 Zwiebel
3 Knoblauchzehen

S. 14

Rindfleisch mit Pfeffer

500 g Rindfleisch
150 g Kirschtomaten
2 Stangen Lauch
50 ml Sonnenblumenöl
3 Knoblauchzehen
Koriander

S. 16

Rindfleisch süßsauer mit Zwiebeln

500 g Rumpsteak
100 g Kirschtomaten
16 Frühlingszwiebeln
50 ml Limettensaft
50 ml Sonnenblumenöl
2 EL flüssiger Honig
Basilikum

S. 18

Rindfleisch mit Gurke

400 g Rumpsteak
150 g chinesische Nudeln
100 ml süßsaure Chilisauce
½ Gurke
2 gelbe Chilischoten
50 ml Sonnenblumenöl
1 Zwiebel

S. 20

Rindercurry mit jungem Gemüse

400 g Rumpsteak
200 g grüne Bohnen
150 g Karotten
1 EL grüne Currypaste
2 Frühlingszwiebeln
50 ml Sonnenblumenöl
1 Zwiebel

S. 22

Schweinefilet mit Shiitake-Pilzen

500 g Schweinefilet
250 g Shiitake-Pilze
250 g Chinakohl
120 g Kirschtomaten
50 ml süße Sojasauce
50 ml Olivenöl
2 EL flüssiger Honig
3 rote Frühlingszwiebeln

S. 24

Schweinefleisch mit Kohl

400 g Schweinenacken
250 g Spitzkohl
100 ml flüssiger Karamell
30 g Kürbiskerne
50 ml Olivenöl
1 rote Zwiebel

S. 26

Schweinefleisch mit Zwiebeln und Sesam

400 g Schweinenacken
6 Frühlingszwiebeln
2 Karotten

100 g Erdnüsse
2 EL Sesamsaat
50 ml Ahornsirup
50 ml Olivenöl
1 TL Wasabipulver

S. 28

Thai-Schweinefleisch mit Zitronengras

400 g Schweinenacken
200 g chinesische Nudeln
½ Stängel Zitronengras
2-cm-Stück Ingwer
1 rote Chilischote
50 ml Olivenöl
Basilikum

S. 30

Bratreis mit Schweinefleisch und Zuckererbsen

500 g Schweinenacken
140 g Jasminreis
150 g Zuckererbsen
50 ml Sesamöl
50 ml Sonnenblumenöl
2 EL flüssiger Honig
1 EL Fünf-Gewürze-Pulver

S. 32

Zitronenhähnchen mit Brokkoli und Pinienkernen

400 g Hähnchenbrustfilet
300 g Brokkoli
100 ml süßsaure Chilisauce
80 ml Zitronensaft
50 ml Olivenöl
80 g Pinienkerne
1 Zwiebel

S. 34

Curryhähnchen mit Paprika

400 g Hähnchenbrustfilet
je 1 rote, gelbe und grüne Paprikaschote
150 ml Kokosmilch
2 EL rote Currypaste
50 ml Olivenöl
1 rote Zwiebel

S. 36

Hähnchen mit Spinat und Erdnüssen

400 g Hähnchenbrustfilet
200 g junger Spinat
80 g Erdnüsse
50 ml Reisessig
50 ml Olivenöl
1 rote Chilischote
2 EL flüssiger Honig

S. 38

Entenbrust mit Orangengemüse

2 Entenbrustfilets
100 ml Orangensaft
250 g Zuckererbsen
8 Stangen grüner Spargel
50 ml süße Sojasauce
2 EL flüssiger Honig
1 rote Chilischote

S. 40

Entenbrust mit Honig und Ingwer

2 Entenbrüste
200 g Karotten
200 g Weißkohl
80 g blanchierte Mandeln
2 EL flüssiger Honig
2-cm-Stück Ingwer
Koriander

S. 42

Dorade süßsauer

4 Doradenfilets
2 Karotten
12 Frühlingszwiebeln
50 ml Reisessig
50 ml Olivenöl
Basilikum
2 EL süße Chilisauce

S. 44

Kabeljau mit Gewürzen

600 g Kabeljaufilet
2 Zucchini
3 Frühlingszwiebeln
1 rote Zwiebel
50 ml Olivenöl
50 ml Reisessig
1 EL Garam Masala

S. 46

Seeteufel mit Erbsen und Speck

600 g Seeteufelfilet
300 g Erbsen
2 dicke Scheiben durchwachsener Speck
1 rote Zwiebel
50 ml Sherry-Essig
50 ml Olivenöl
1 EL flüssiger Honig

S. 48

Garnelen mit Kohl und Granatapfel

500 g küchenfertige Garnelen
400 g Chinakohl
1 gelbe Zucchini
½ Granatapfel
150 ml Kokosmilch
50 ml Olivenöl
2 EL rote Currypaste

S. 50

Garnelen mit Mango und Pak Choi

24 küchenfertige große Garnelen
2 Köpfe Pak Choi
200 g Mangowürfel
2 EL rote Currypaste
50 ml Olivenöl
2-cm-Stück Ingwer
1 rote Zwiebel

S. 52

Krebsfleisch mit Sellerie und Curry

400 g Krebsfleisch (frisch oder TK)
300 g Stangensellerie
150 ml Kokosmilch
2 gelbe Tomaten
2 EL gelbe Currypaste
50 ml Olivenöl
1 rote Zwiebel

S. 54

Garnelen mit Nudeln und grünem Tee

24 küchenfertige Garnelen
200 g chinesische Nudeln
2 gelbe Paprikaschoten
80 g Cashewkerne
50 ml Olivenöl
1 EL Matcha-Pulver
1 Zwiebel

S. 56

Gambas mit Fenchel, Knoblauch und Ingwer

24 küchenfertige rohe Gambas
1 Knolle Fenchel
1 rote Paprikaschote
3 rote Frühlingszwiebeln
50 ml Olivenöl
2-cm-Stück Ingwer
3 Knoblauchzehen

S. 58

Gemüsecurry mit Körnern

300 g Zucchini
150 g Aubergine
100 ml Kokosmilch
1 Zwiebel
80 ml Olivenöl
2 EL gelbe Currypaste
2 EL Leinsamen

S. 60

Bratreis mit Brokkoli und Sprossen

160 g Langkornreis
300 g Brokkoli
200 g Bohnensprossen
50 ml Olivenöl
1 rote Zwiebel
3 Frühlingszwiebeln

S. 62

Pak Choi mit Nudeln und Shiitake

2 Köpfe Pak Choi
200 g chinesische Nudeln
250 g Shiitake-Pilze
100 ml Teriyaki-Sauce
50 ml Sonnenblumenöl
2 Frühlingszwiebeln
2 Chilischoten

S. 64

Austernpilze mit Zuckererbsen

250 g Austernpilze
250 g Zuckererbsen
80 g Erdnüsse
80 ml süße Sojasauce
50 ml Olivenöl
1 Zwiebel

S. 66

Bohnensprossen und Paprika mit Chili

250 g Bohnensprossen
je 1 rote, gelbe und grüne Paprikaschote
80 ml Reisessig
50 ml Sonnenblumenöl
2 EL Leinsamen
1 EL Zucker
1 EL mildes Chilipulver

S. 68

Rotkohl mit Tofu

250 g Rotkohl
200 g Tofu
60 g helle Sesamsaat
60 g helle Rosinen
50 ml Olivenöl
12 Frühlingszwiebeln
1 Orange

S. 70

Ananas und Mango mit schwarzem Sesam

400 g Ananas
250 g Mango
30 g Butter
6 Kokosplätzchen
2 EL schwarze Sesamsaat
2 EL flüssiger Honig

- **Grammangaben beziehen sich auf geputzte Ware.**
- **Salz, Pfeffer und Olivenöl variieren in jedem Gericht und diese Zutaten sollten Sie immer griffbereit haben.**

Alphabetisches Rezeptverzeichnis

ISBN 978-3-8094-4488-6

3. Auflage 2024

Originaltitel: WOK me up !

Piktogramme:
© Shutterstock: Christos Georghiou: S. 43, 65; notkoo: S. 9, 13, 15, 17, 21, 29, 33, 39, 41, 45, 55, 57, 63, 67;
KsanaGraphica: S. 11, 19, 23, 25, 46, 59, 69; Marish: S. 49, 53, 71; Kapreski: S. 27, 37, 51; AtthameeNi: S. 31.

Für die deutsche Ausgabe
Umschlaggestaltung: Atelier Versen, Bad Aibling
Herstellung: Elke Cramer
Projektleitung: Anja Halveland

Für die französische Originalausgabe
Direction de la publication: Isabelle Jeuge-Maynart et Ghislaine Stora
Direction éditoriale: Agnès Busière et Émilie Franc
Édition: Marion Dellapina
Conception graphique intérieur et couverture: Émilie Laudrin
Couverture: Véronique Laporte
Mise en page: Caroline Rimbault
Fabrication: Donia Faiz

Realisierung der deutschen Ausgabe: trans texas publishing services GmbH, Köln
Übersetzung: Wiebke Krabbe, Damlos
Satz: Satzwork Huber, Germering
Druck & Verarbeitung: Mohn Media Mohndruck GmbH, Gütersloh
Printed in the Germany

Penguin Random House Verlagsgruppe FSC® N001967